Fabiana Böhmeke

Sterbehilfe - aktuelle Rechtsprechung zur passiven Sterbehilfe

GRIN Verlag

Bibliografische Information der Deutschen Nationalbibliothek:

Die Deutsche Bibliothek verzeichnet diese Publikation in der Deutschen National-
bibliografie; detaillierte bibliografische Daten sind im Internet über http://dnb.d-
nb.de/ abrufbar.

Impressum:

Copyright © 2011 GRIN Verlag GmbH
Druck und Bindung: Books on Demand GmbH, Norderstedt Germany
ISBN: 978-3-656-19994-6

Dieses Buch bei GRIN:

http://www.grin.com/de/e-book/193916/sterbehilfe-aktuelle-rechtsprechung-zur-
passiven-sterbehilfe

GRIN - Your knowledge has value

Der GRIN Verlag publiziert seit 1998 wissenschaftliche Arbeiten von Studenten, Hochschullehrern und anderen Akademikern als eBook und gedrucktes Buch. Die Verlagswebsite www.grin.com ist die ideale Plattform zur Veröffentlichung von Hausarbeiten, Abschlussarbeiten, wissenschaftlichen Aufsätzen, Dissertationen und Fachbüchern.

Inhaltsverzeichnis

Literaturverzeichnis

Dölling, Dieter	Gesamtes Strafrecht
Duttge, Gunnar	Handkommentar
Rössner, Dieter	1. Auflage, Baden- Baden 2008
	Zitierweise: HK- GS, *Bearbeiter*

Fischer, Thomas	Strafgesetzbuch
	Und Nebengesetze
	58. Auflage, München 2011

Gaede, Karsten	Durchbruch ohne Dammbruch- Rechtssichere Neuvermessung der Grenzen strafloser Sterbehilfe
	In: NJW 2010, S.2925- 2928

Gössel, Karl Heinz	Strafrecht
Dölling, Dieter	Besonderer Teil I
	2. Auflage, Heidelberg 2004

Haft, Fritjof	Strafrecht
	Besonderer Teil II
	8. Auflage, München 2005

Jäger, Christian	Examens- Repetitorium
	Strafrecht Besonderer Teil
	4. Auflage, Heidelberg 2011

Joecks, Wolfgang	Studienkommentar
	StGB
	9. Auflage, München 2010
Joecks, Wolfgang	Münchener Kommentar
Miebach, Klaus	zum Strafgesetzbuch
	Band 3, §§ 185- 262
	Zitierweise: MünchKommStBG, *Bearbeiter*
Kindhäuser, Urs	Strafgesetzbuch
	Lehr- und Praxiskommentar
	4. Auflage, Baden- Baden 2010
	Zitierweise: LPK- StGB
Kindhäuser, Urs	Strafrecht
	Besonderer Teil I
	4. Auflage, Baden- Baden 2009
Kindhäuser, Urs	Strafgesetzbuch
Neumann, Ulfried	Band II, §§ 146- 358
Paeffgen, Hans- Ullrich	3. Auflage, Baden- Baden 2010
Krey, Volker	Strafrecht
Heinrich, Manfred	Besonderer Teil, Band 1
	13. Auflage, Stuttgart 2005

Kühl, Kristian   Rechtfertigung vorsätzlicher Tötungen im Allgemeinen und speziell bei Sterbehilfe

In: Jura 2009, S.881- 886

Küpper, Georg   Strafrecht

Besonderer Teil 1

3. Auflage, Berlin/Heidelberg 2007

Lackner, Karl   Strafgesetzbuch

Kühl, Christian   Kommentar

27. Auflage, München 2011

Zitierweise: Lackner/Kühl, Bearbeiter

Mandla, Christoph   Sterbehilfe durch Behandlungsabbruch; Anmerkungen zum BGH- Urteil vom 25.6.2010

In: NStZ 2010, S. 698- 699

Maurach,Reinhart   Strafrecht

Schroeder, Friedrich- Christian   Besonderer Teil

Maiwald, Manfred   Teilband 1, Straftaten gegen Persönlichkeits- und Vermögenswerte

10. Auflage, Heidelberg 2009

Rengier, Rudolph   Strafrecht

Besonderer Teil II

12. Auflage, München 2011

Rudolphi , Hans Joachim	SK- StGB
Horn, Eckhart	Systematischer Kommentar zum Strafgesetzbuch
Günther, Hans- Ludwig	Band 4, §§201- 266 b
Samson, Erich	Frankfurt am Main, 1994- (Loseblattsammlung)
	Zitierweise: SK- StGB, *Bearbeiter*

Schönke, Adolf	Strafgesetzbuch
Schröder, Horst	Kommentar
	28. Auflage, München 2011
	Zitierweise: S/S, *Bearbeiter*

Verrel, Torsten	Ein Grundsatzurteil?- Jedenfalls bitter nötig! Besprechung der Sterbehilfeentscheidung des BGH vom 25. 6. 2010
	In: NStZ 2010, S.671- 676

Walter, Tonio	Sterbehilfe: Teleologische Reduktion des § 216 statt Einwilligung! Oder: Vom Nutzen der Dogmatik
	In: ZIS 2/2011, S.76- 82

Wessels, Johannes	Strafrecht Allgemeiner Teil
Beulke, Werner	Die Straftat und ihr Aufbau
	40. Auflage, Heidelberg 2010

Wessels, Johannes	Strafrecht
Hettinger, Michael	Besonderer Teil 1
	34. Auflage, Heidelberg 2010

Passive Sterbehilfe

I. Einleitung

Gerade in Anlehnung an den Fall „Mechthild Bach" hat das Thema Sterbehilfe in Niedersachsen neue Aktualität und Brisanz gewonnen, sowie für Diskussionsstoff gesorgt. Die in der Paracelsusklinik in Langenhagen von 1987- 2003 tätige Krebsärztin war wegen Totschlags an 8 Patienten angeklagt worden. Sie hatte diesen sehr hohe tödlich wirkende Valium- sowie Morphiumdosen verabreicht, aber immer wieder bekräftigt dies sei keinesfalls zur Lebensverkürzung, sondern nur zur Schmerzlinderung geschehen. Das Landgericht Hannover ging allerdings davon aus, dass die Patienten nie den Wunsch zu sterben geäußert hatten. Desweiteren betonte Mechthild Bach immer wieder das Recht der Patienten in Würde zu sterben, während das Gericht keine Anhaltspunkte für einen bereits begonnen Sterbeprozess erkennen konnte[1]. Bevor der Prozess entschieden werden konnte, beging die Ärztin auf Grund der großen Last des mittlerweile sieben Jahre andauernden Prozesses allerdings Selbstmord.

Auch wenn es sich vorliegend grundsätzlich um einen Fall der aktiven Sterbehilfe handelt, bestehen weiterhin viele die Sterbehilfe allgemein betreffende Fragen:

Was muss oder darf ein Arzt tun, um quälende Schmerzen zu lindern? Wann ist eine Krankheit soweit fortgeschritten, dass der Patient sich in der Sterbephase befindet? Wo beginnt Sterbebegleitung beziehungsweise -hilfe rechtswidrig zu werden? Wann endet das Recht oder die Pflicht ein zu Ende gehendes Leben künstlich zu verlängern[2]? Diesen verschiedenartigen Fragestellungen durch möglichst einfache Entscheidungsprinzipien gerecht zu werden, ist zwar ein verständliches Verlangen, das jedoch wegen teils gegenläufiger Interessen nur begrenzt durchsetzbar ist[3]. Die Sterbehilfe stellt uns vor existenzielle Fragen, deren Antworten zwischen den Polen „effektiver Lebensschutz" und

---

[1] Berichterstattung in Spiegel 23/2008; Ärztezeitung 21.08.2006; Hamburger Abendblatt 5. August 2005.
[2] *Wessels/Hettinger,* Strafrecht BT 1, Rn.30.
[3] S/S, *Eser,* Vor §§211 ff., Rn.21.

1

„tatsächliche Achtung der menschlichen Selbstbestimmung am Lebensende" liegen[4]. Der strafrechtliche Schutz des Lebens dauert bis zum Tode und kommt auch den unheilbar Kranken zu Gute[5], während der Gedanke der autonomen Selbstbestimmung nicht nur die allgemeine Ausgestaltung des Lebens, sondern auch den Sterbevorgang als letzte Lebensphase erfasst[6].

Angesichts einer alternden Gesellschaft und der Fortschritte in der Medizin stellt sich bei rund 850.000 Todesfällen im Jahr bei mehr als einem Drittel die Frage nach behandlungsbegrenzenden Entscheidungen am Lebensende[7]. Anhand des Stichwortes Sterbehilfe wird dieser Problemkreis seit längerem eingehend diskutiert[8]. Mit wachsender Manipulierbarkeit des Todes durch die moderne Medizin und mit dementsprechend steigendem Selbstbestimmungsinteresse über das eigene Leben und Sterben stellt sich die Frage nach den Möglichkeiten und Grenzen der Sterbehilfe[9].

Die folgende Arbeit soll zunächst die rechtlich verschieden zu beurteilenden Arten der Sterbehilfe darstellen, sowie deren verfassungsrechtliche Problematik und die aktuelle Rechtsprechung zur passiven Sterbehilfe darstellen und kritisch bewerten.

II. Begriff der Sterbehilfe und Strafbarkeit

Nach dem engen Sterbebegriff des BGH liegt Sterbehilfe dann vor, wenn eine Situation vorliegt, in der das Grundleiden eines Kranken nach ärztlicher Überzeugung irreversibel ist und einen tödlichen Verlauf angenommen hat[10]. Eingeschlossen wird also ausschließlich die lebensverkürzende Erleichterung des Sterbens von den Qualen des Todeskampfes[11].

---

[4] *Gaede,* NJW 2010,, S.2925.
[5] *Wessels/Hettinger,* Strafrecht BT 1, Rn.28.
[6] MünchKommStGB, *Schneider,* Vor §211, Rn.88.
[7] *Joecks,* Vor §211, Rn.26;
[8] *Küpper,* Strafrecht BT 1, Rn.18.
[9] S/S, *Eser,* Vor §§211 ff., Rn.21.
[10] BGHSt 40, S. 257 (260).
[11] *Gössel/Dölling,* Strafrecht BT I, §2, Rn.35.

1. Die echte und die indirekte Sterbehilfe

Unproblematisch ist zunächst eine Konstellation, in der eine Handlung erst nach Eintritt des Hirntodes vorgenommen wird, da diese nicht mehr auf einen lebenden Menschen wirkt[12].

Außerhalb der Grenzen der Tatbestandsmäßigkeit liegt weiterhin die eigentliche Sterbehilfe, die darin besteht, dass der Arzt ohne das Leben des Patienten zu verkürzen, schmerzlindernde und bewusstseinsdämpfende Mittel verabreicht[13].

Von dem bereits Erläuterten zu trennen ist die indirekte Sterbehilfe, welche vorliegt, wenn einem Sterbenden die eben genannten Medikamente verabreicht werden und diese als unvermeidbare Nebenfolge den Todeseintritt beschleunigen[14]. Der Begriff der indirekten Sterbehilfe beschreibt also eine bedingt vorsätzliche Verkürzung des Lebens eines Todkranken als sekundäre Folge medizinischer Maßnahmen[15]. Es handelt sich folglich um eine „Hilfe beim Sterben"[16]. Diese Form der Sterbehilfe soll nach herrschender Meinung bei entsprechendem Vorliegen des mutmaßlichen oder erklärten Patientenwillens nicht strafbar sein[17]. Dies gilt auch dann, wenn –wie regelmäßig- am Eventualvorsatz hinsichtlich der verursachten Lebensverkürzung nicht gezweifelt werden kann, und auch dann, wenn sicheres Wissen bezüglich der Tötung vorliegt[18]. Während zum Teil vertreten wird, dass bereits die Tötungsrelevanz des auf Schmerzlinderung gerichteten Verhaltens fehlt[19] oder kein Tötungsvorsatz erkennbar ist[20], geht die herrschende Meinung davon aus, dass ein Anwendungsfall von § 34 gegeben ist[21]. Der BGH ist der Auffassung, dass die Ermöglichung eines Todes in Würde und

---

[12] *Joecks,* Vor §211, Rn.27.
[13] *Maurach/Schroeder/Maiwald,* §1, Rn.32; *Krey/Heinrich,* §1, Rn.12.
[14] BGHSt 42, 301 (305); HK- GS, *Rössner/Wenkel,* Vor §211, Rn.18;
[15] *Fischer,* Vor §211, Rn.33.
[16] *Wessels/Hettinger,* Strafrecht BT 1, Rn.32.
[17] *Joecks,* Vor §211, Rn.30; *Ingelfinger,* JZ 2006, S.824.
[18] SK, *Sinn,* §121, Rn.58.
[19] *Krey/Heinrich,* Strafrecht BT, §1, Rn.14.
[20] *Wessels/Hettinger,* Strafrecht BT 1, Rn.32.
[21] SK, *Sinn,* §121, Rn.58; *Fischer,* Vor §211, Rn.57; *Lackner/Kühl,* Vor §211, Rn.7.

Schmerzfreiheit ein höherwertiges Gut sei, als die Aussicht unter schwersten Schmerzen noch kurze Zeit länger leben zu müssen[22].

2. Die unechte Sterbehilfe

Die unechte Sterbehilfe wurde bisher in aktive und passive Sterbehilfe unterteilt. Inwiefern sich diese Unterteilung in Anbetracht der aktuellen Rechtsprechung geändert hat, soll im weiteren Verlauf der Arbeit nach Darstellung dieser erläutert werden.

a. Die aktive Sterbehilfe

Der Begriff der aktiven Sterbehilfe beschreibt die gezielte Tötung oder die Beschleunigung des Todeseintritts durch aktives Tun[23]. Aus § 216[24] folgt, dass auch die einverständliche aktive Sterbehilfe durch gezieltes täterschaftliches Töten selbst bei aussichtsloser Prognose strafrechtlich sanktioniert ist[25]. Es sind somit die §§ 211 ff. anwendbar, soweit die Sterbehilfe nicht gewünscht war[26] und § 216, wenn diese vom Opfer verlangt wurde[27]. Das Verbot andere zu töten untersagt jedermann aktive Maßnahmen zu treffen, die eine Lebensverkürzung bezwecken[28]. Auch die Mitleidstötung eines Patienten mit aussichtsloser Prognose oder eines schwer missgebildeten Neugeborenen sind Tötungen eines Menschen und somit Mord oder Totschlag[29].

b. Die passive Sterbehilfe

Die passive Sterbehilfe ist die praktisch wichtigste Kategorie[30]. Sie meint grundsätzlich die Nichtweiterbehandlung eines Sterbenden, also die Sterbehilfe durch „Sterbenlassen"[31].

Strafrechtlich relevant ist diese Konstellation deshalb, weil der Arzt als Garant rechtlich an sich verpflichtet ist, das ihm Mögliche zur Erhaltung

---

[22] BGHSt 42, 301 (305).
[23] *Fischer*, Vor §211, Rn.33.
[24] Soweit nicht anders angegeben, sind alle Paragraphen solche des StGB.
[25] *Rengier*, Strafrecht BT II, §7, Rn.1.
[26] *Kindhäuser*, Strafrecht BT I, §3, Rn.1.
[27] *Lackner/Kühl*, Vor §211, Rn.7.
[28] *Wessels/Hettinger*, Strafrecht BT 1, Rn.28.
[29] SK, *Sinn*, §212, Rn.56.
[30] MünchKommStGB, *Schneider*, Vor §211, Rn.92; S/S, *Eser*, Vor §§211 ff., Rn.27.
[31] LPK- StGB, Vor §§211-222. Rn.16; *Wessels/Hettinger*, Strafrecht BT 1, Rn.35.

des Lebens des Patienten zu unternehmen[32]. Die Nichtaufnahme oder Beendigung einer Intensivbehandlung ist trotz der Garantenstellung des Arztes jedoch erlaubt, wenn sie auf einer frei verantwortlichen Entscheidung des Patienten oder dessen mutmaßlicher Einwilligung beruht[33]. Die Zulässigkeit beruht dann auf dem Selbstbestimmungsrecht des verantwortungsfähigen Patienten, der jede weitere ärztliche Behandlung ablehnen darf[34]. Sofern kein ausdrücklicher Wille in Form einer Patientenverfügung gemäß §1901 a I 1 BGB existiert oder die vorliegende nicht auf die Situation passt, hat der Betreuer oder Bevollmächtigte den mutmaßlichen Willen auf Grund von früheren Äußerungen oder Wertvorstellungen des Patienten festzustellen, um auf dieser Grundlage die Entscheidung der weiteren Behandlung zu treffen[35]. Sind weder der ausdrückliche noch der mutmaßliche Wille des Patienten zu ermitteln, sind objektive Gesichtspunkte entscheidend, wobei im Zweifel immer der Grundsatz „Pro Leben" gelten soll[36].

Früher war unter Berücksichtigung der Frage, ob das Abschalten eines Beatmungsgerätes als aktives Tun oder als „Unterlassen der Weiterbehandlung" zu qualifizieren sei, strittig, welche konkreten Handlungen des Abbrechens einer Behandlung als Unterlassen anzusehen sind[37]. Zur Beantwortung bediente sich die herrschende Meinung eines dogmatischen Kunstgriffs, indem sie einen „normativen Begriff des Unterlassens" verwendete, der auf den sozialen Sinn des Verhaltens abstellte[38]. Die Sterbehilfe war also so lange straflos, wie sich der „Schwerpunkt der Vorwerfbarkeit" trotz aktiver Handlungen wie dem Abstellen eines Beatmungsgerätes noch im Unterlassen der weiteren Behandlung sehen ließ[39]. Mit dem Urteil vom 25.6.2010, auf welches im weiteren Verlauf der Arbeit genauer eingegangen werden soll, hat der

---

[32] MünchKommStGB, *Schneider,* Vor §211, Rn.92.
[33] *Lackner/Kühl,* Vor §211, Rn.7
[34] *Rengier,* Strafrecht BT II, §7, Rn.6.
[35] *Jäger,* Strafrecht BT, Rn. 63.
[36] BGHSt 40, 257 (263).
[37] *Fischer,* Vor §211, Rn.60.
[38] *Wessels/Hettinger,* Strafrecht BT 1, Rn.37.
[39] *Gaede,* NJW 2010,, S.2925.

BGH die Begriffe des aktiven Tuns und des Unterlassens allerdings im Begriff des Behandlungsabbruchs zusammengefasst[40].

Unabhängig von der Frage der Einstellung lebensverlängernder Maßnahmen, muss die elementare Grundversorgung allerdings gewährleistet bleiben[41].

Weiterhin ist fraglich, wie Fälle zu beurteilen sind, in denen die finale Sterbephase noch nicht eingesetzt hat, der Schwerstkranke also trotz aussichtsloser Prognose unter Umständen noch Monate zu leben hat, aber zur Äußerung, wie zum Beispiel beim Wachkoma, nicht mehr fähig ist[42]. Die eben erläuterten Grundsätze gelten nach der Rechtsprechung in Anlehnung an den vieldiskutierten „Kemptener Fall" nicht nur für die sogenannte „Hilfe beim Sterben" sondern auch für Fälle, bei denen der Sterbevorgang noch nicht eingesetzt hat[43]. Entscheidend ist dann der zu rekonstruierende mutmaßliche Wille des aktuell entscheidungsunfähigen Patienten, welcher allerdings strengen Anforderungen unterliegt[44]. Weiterhin ist die Diskussion über Voraussetzungen und Reichweite der Erlaubnis eine lebenserhaltende medizinische Behandlung auf Grund des Patientenwillens zu beenden, durch das dritte Gesetz zur Änderung des Betreuungsrechts vom 29.7.2009 insoweit beseitigt worden, als es nach §1901 a III BGB nicht mehr auf Art und Stadium der Erkrankung ankommt[45].

III. Verfassungsrechtliche Problematik

Das entscheidende Kriterium für die verfassungsrechtliche Einordnung ist nach herrschender Meinung der Wille des Patienten, durch welchen dieser sein Recht auf Selbstbestimmung aus Art. 1, 2 I GG zum Ausdruck bringt, während sich aus § 216 andererseits ergibt, dass dem Selbstbestimmungsrecht eine staatliche Schutzpflicht für das menschliche Leben entgegenstehen kann[46]. Die Behandlung eines sich

---

[40] BGH NJW 2010, S. 2963.
[41] SK, *Sinn*, §212, Rn.50.
[42] *Kühl*, Jura 2009, S.885; *Wessels/Hettinger*, Strafrecht BT 1, Rn.39.
[43] *Lackner/Kühl*, Vor §211, Rn.7
[44] MünchKommStGB, *Schneider*, Vor §211, Rn.116.
[45] BGH NJW 2010, S.2965.
[46] *Fischer*, Vor §211, Rn.36.

unwiderruflich im Sterbeprozess befindlichen Patienten kann, wenn sie gegen die Menschenwürde des Sterbenden unter Berücksichtigung dessen Selbstbestimmungsrechts verstoßen würde, abgebrochen werden, da es keine Rechtspflicht zur Erhaltung des Lebens „um jeden Preis" gibt[47]. Das Recht auf Leben gemäß Art. 2 II 1 GG birgt auch ein entsprechendes Recht des Menschen auf seinen natürlichen Tod und auf ein menschenwürdiges Sterben[48].

Mit dem Urteil vom 25.6.2010, auf welches gleich genauer eingegangen werden soll, hat der BGH das mit dem neuen Betreuungsrecht bereits vom Gesetzgeber anerkannte Selbstbestimmungsrecht im Umgang mit letal Erkrankten als so gewichtig angesehen, dass auch der Lebensschutz den strafrechtlichen Grundrechtseingriff nicht mehr begründet[49].

IV. Aktuelle Rechtsprechung zur passiven Sterbehilfe: Urteil des BGH vom 25.6.2010 (2 StR 454/09)

1. Leitsätze

a) Sterbehilfe durch Unterlassen, Begrenzen oder Beenden einer begonnenen medizinischen Behandlung (Behandlungsabbruch) ist gerechtfertigt, wenn dies dem tatsächlichen oder mutmaßlichen Patientenwillen (§1901 a BGB) entspricht und dazu dient, einem ohne Behandlung zum Tode führenden Krankheitsprozess seinen Lauf zu lassen.

b) Ein Behandlungsabbruch kann sowohl durch Unterlassen als auch durch aktives Tun vorgenommen werden.

c) Gezielte Eingriffe in das Leben eines Menschen, die nicht in Zusammenhang mit dem Abbruch einer medizinischen Behandlung stehen, sind einer Rechtfertigung durch Einwilligung nicht zugänglich.[50]

---

[47] Kindhäuser/Neumann/Paeffgen, *Neumann,* Vor §211, Rn.100; SK, *Sinn,* §212, Rn.53; MünchKommStGB, *Schneider,* Vor §211, Rn.89.
[48] *Wessels/Hettinger,* Strafrecht BT 1, Rn.35 a.
[49] *Gaede,* NJW 2010,, S.2926.
[50] BGH NStZ 2010, S.630.

2. Sachverhalt

Der Angeklagte, ein Fachanwalt im Bereich des Medizinrechts, vertrat die zunächst Mitangeklagte G, dessen Mutter K seit Oktober 2002 nach einer Hirnblutung im Wachkoma lag und auf Grund dessen nicht ansprechbar war. Frau K war in dem Altenheim, in welchem sie gepflegt wurde, bis Dezember 2007 auf Grund der künstlichen Ernährung bis auf 40 kg abgemagert. Da eine Besserung nicht mehr zu erwarten war, strebte Frau G auf Grund eines mit ihrer Mutter geführten Gesprächs vor deren Krankheit, in dem diese erwähnte sie wolle nicht an „irgendwelche Schläuche angeschlossen" sein, die Entfernung der Magensonde an. Der Berufsbetreuerin wurde dies durch Frau G zunächst mitgeteilt. Diese lehnte die Entfernung der Magensonde allerdings unter dem Hinweis, dass ihr der mutmaßliche Wille der K nicht bekannt sei, ab. Frau G bemühte sich somit in der Folgezeit mit der Unterstützung des Angeklagten und des Hausarztes der K um eine Einstellung der künstlichen Ernährung. Diese Bemühungen stießen zunächst allerdings auf Widerstand bei der Heimleitung, welche dann aber selbst irgendwann den Vorschlag machte, Frau G solle die Magensonde selber entfernen. Somit beendete Frau G am 20.12.2007 die Nahrungszufuhr. Daraufhin intervenierte allerding die Geschäftsleitung des Gesamtunternehmens und ordnete an, die Ernährung wieder aufzunehmen. Daraufhin erteilte der Angeklagte Frau G den Rat, die Sonde unmittelbar über der Bauchdecke zu durchtrennen, da gegen die rechtswidrige Fortsetzung der Sondenernährung durch das Heim ein effektiver Rechtsschutz kurzfristig nicht erlangt werden könne. Frau G folgte diesem Rat. Frau K, welche kurze Zeit später durch das Pflegepersonal entdeckt worden war, starb im Krankenhaus an den Folgen ihrer Krankheit.

Das Landgericht Fulda hat den Angeklagten wegen versuchten Totschlags zu einer Freiheitsstrafe von neun Monaten verurteilt, welche zur Bewährung ausgesetzt wurde. Die Mitangeklagte G wurde freigesprochen. Der Angeklagte verfolgte mit seiner auf die Sachrüge gestützten Revision die Aufhebung des Urteils. Das Rechtsmittel des Angeklagten war erfolgreich.[51]

3. Entscheidungsgründe

Die Feststellung des LG, das dem Angeklagten über § 25 II zurechenbare Durchtrennen der Sonde sei als versuchter Totschlag weder durch Einwilligung noch auf Grund des Eingreifens anderer Rechtfertigungsgründe gerechtfertigt, hält einer Nachprüfung durch den BGH nicht stand[52].

Wie oben bereits erläutert, sind auch solche Fälle von der Anwendung der Regeln zur Sterbehilfe erfasst, in denen die Grunderkrankung noch keinen unmittelbar zum Tod führenden Verlauf genommen hat[53]. Im vorliegenden Fall lagen die anerkannten Voraussetzungen für einen rechtmäßigen Behandlungsabbruch durch „passive Sterbehilfe" zunächst also vor, wobei es nicht auf den mutmaßlichen Willen der Betroffenen ankam, da der ausdrückliche zweifelsfrei fest stand. Das LG hat eine Rechtfertigung des Angeklagten durch Einwilligung der Betroffenen allerdings abgelehnt, da die weiteren Voraussetzungen einer nach bisherigem Recht zulässigen passiven Sterbehilfe durch Unterlassen der künstlichen Ernährung nicht vorlagen und das Durchtrennen des Schlauches als aktives Handeln gewertet werden müsse.

Der BGH hält allerdings an diesem an den äußeren Erscheinungsformern von Tun und Unterlassen orientiertem Kriterium für die Abgrenzung zwischen gerechtfertigter und rechtswidriger Herbeiführung des Todes mit Einwilligung des Patienten nicht fest.[54] Ein Behandlungsabbruch erschöpfe sich nämlich nicht in bloßer Untätigkeit, sondern könne vielmehr fast regelmäßig eine Vielzahl von aktiven und passiven Handlungen umfassen. Es sei somit erforderlich, alle Handlungen, die mit einer Beendigung medizinischer Maßnahmen in Zusammenhang stehen, in einem normativ wertenden Oberbegriff des Behandlungsabbruchs, welcher neben objektiven Handlungselementen

---

[51] Volltext in BGH NJW 2010, S.2964.
[52] BGH NJW 2010, S.2965.
[53] Siehe S.3.
[54] BGH NJW 2010, S.2966.

auch die subjektive Zielsetzung des Handelns umfasst, zusammenzufassen. Denn wenn ein Patient das Unterlassen einer Behandlung verlangen könne, müsse dies auch für die Beendigung einer solchen gelten. Weiterhin setze der Begriff des Behandlungsabbruchs eine lebensbedrohliche Erkrankung der Person und die Geeignetheit der betreffenden Maßnahme zur Erhaltung oder Verlängerung des Lebens, voraus. Außerhalb eines solchen Zusammenhangs sei eine Einwilligung durch Rechtfertigung nicht möglich, was sich ohne weiteres auch aus § 216 und § 228 ergebe. Des Weiteren komme eine Rechtfertigung durch Einwilligung nur in Betracht, wenn sich das Handeln darauf beschränke, einen Zustand herzustellen, der einem bereits begonnen Krankheitsprozess seinen Lauf lasse.[55]

4. Stellungnahme

In seiner jüngsten Entscheidung distanziert sich der BGH ausdrücklich von seiner bisherigen Rechtsprechung zur bis dahin nicht anerkannten Rechtfertigung direkt lebensbeendender Maßnahmen unter dem Gesichtspunkt der Sterbehilfe[56]. Der BGH hat also die Umdeutung eines tatsächlich aktiven Verhaltens in ein „normativ verstandenes Unterlassen" als dogmatisch unzulässigen Kunstgriff abgelehnt und einen neuen Lösungsansatz gewählt, der ebenso wie die Unterlassungskonstruktion zu sachgerechten Ergebnissen führt[57].

Mit der Neuordnung der Rechtslage werden bisherige Abgrenzungsprobleme zwischen erlaubter indirekter und verbotener aktiver Sterbehilfe entschärft, denn es war oftmals schwierig in Fällen der Leidensminderung zwischen Inkaufnahme und Zwecksetzung eine Grenze zu ziehen[58]. Die Herleitung der Entscheidung ist allerdings in einigen Punkten fragwürdig.

Fraglich ist zunächst, warum das Durchschneiden der Magensonde als versuchtes Tötungsdelikt gewertet werden kann, wenn die Nahrungswiederaufnahme durch das Pflegepersonal richtigerweise

---

[55] BGH NJW 2010, S.2967.
[56] SK- StGB, *Sinn*, §212, Rn.57.
[57] *Rengier*, Strafrecht BT II, §7, Rn.7a.
[58] *Fischer*, Vor §211, Rn.64.

bereits als Körperverletzung qualifiziert wurde, da der Patientenwille entweder eine lebenserhaltende Behandlung verbieten oder rechtfertigen kann[59]. Weiterhin bleibt auch fraglich, wie der Anwalt als Mittäter eingestuft werden konnte, da er weder geplant noch vorbereitet hatte, sondern nur über die Rechtslage informiert und einen Rat erteilt hat, was, wenn es eine Haupttat gibt, höchstens als eine Verbindung von Beihilfe und Anstiftung eingestuft werden kann[60].

Der BGH hat einen außergewöhnlichen Fall verweigerten Sterbenlassens dazu genutzt, die seit langem kritisierte Unterscheidung zwischen aktiver und passiver Sterbehilfe aufzugeben und die Maßgeblichkeit des Patientenwillens für die strafrechtliche Beurteilung klargestellt[61].

Der BGH stellt aber auch klar, dass das Verbot der direkten aktiven Sterbehilfe weiterhin bestehen bleibt, wenn der Tötungsvorgang vom Krankheitsverlauf abgekoppelt wird[62]. Der Bereich der aktiven Sterbehilfe ist nunmehr der von § 216 erfasste Bereich der vom Behandlungsabbruch unabhängigen Tötung auf Verlangen, wobei die Grenze dieses Tatbestandes auch durch das Patientenverfügungsgesetz nicht verschoben werden soll[63]. Deshalb ist eigentlich auch die Voraussetzung des BGH, dass es sich um einen „ohne Behandlung zum Tode führenden Krankheitsprozess" handeln muss, überflüssig, da dies ein sowieso erforderliches subjektives Rechtfertigungselement in Bezug auf die Unterscheidung von Sterbenlassen und verbotener Tötung auf Verlangen ist, wohingegen sehr treffend formuliert das entscheidende Kriterium des Behandlungszusammenhanges ist[64].

Die Abgrenzung von Tun und Unterlassen soll nun also mit der Zusammenfassung unter dem „normativ wertenden Oberbegriff des Behandlungsabbruchs" nicht länger entscheidend sein[65]. Dies wird von vielen für Unnötig gehalten.

Dem BGH ist zunächst zuzustimmen, dass die Grenze zwischen verbotenem und erlaubtem Behandlungsabbruch nicht ausschließlich

---

[59] *Verrel*, NStZ 2010, S.671.
[60] *Walter*, ZIS 2/2011, S.79.
[61] *Verrel*, NStZ 2010, S.675.
[62] SK- StGB, *Sinn*, §212, Rn.57.
[63] BGH NJW, S.2963.
[64] *Verrel*, NStZ 2010, S.673.
[65] *Gaede*, NJW 2010,, S.2926.

davon abhängen kann, ob die fragliche Person handelt oder unterlässt[66].

Im Kemptener Fall habe der BGH bereits den Eindruck erweckt, dass es auf die Unterscheidung von aktivem Handeln und Unterlassen ankäme, indem er die eigentlich aktive Anweisung der Angeklagten an das Pflegepersonal, die Sondenernährung der Wachkomapatientin zu beenden, als ein Unterlassen weiterer Nahrungszufuhr gewertet hatte[67].

Das Gesetz zwinge allerdings (§13), aktives Tun und Unterlassen zu unterscheiden, was auch für die Fälle der Sterbehilfe möglich sei, wenn darauf abgestellt werde, ob Körperkraft eingesetzt wird oder nicht[68]. Folgte man also der Ansicht, dass es weiterhin auf eine Unterscheidung zwischen Unterlassen und aktiven Tun ankäme, müsste für ein Unterlassen die Garantenpflicht der Angehörigen und des Pflegepersonals eingeschränkt werden, wenn §§ 1901 a ff. BGB die Sterbehilfe erlauben und für Außenstehende könnte man annehmen, dass die Zumutbarkeit einer Hilfe nach § 323 c entfällt, während für ein aktives Tun der § 216 teleologisch reduziert werden könnte[69].

Alles in allem bleibt aber festzuhalten, dass juristisch kein Unterschied zwischen der Nichteinleitung einer Therapie und der Beendigung einer zunächst durchgeführten Behandlung besteht[70].

Weiterhin hat der BGH festgestellt, dass die von ihm aufgestellten Grundsätze nicht auf das Handeln der Ärzte, Betreuer oder Bevollmächtigten begrenzt ist und will das Handeln Dritter einbeziehen, soweit diese als Hilfspersonen tätig werden[71]. Eine Rechtfertigung für Angehörige oder dem Patienten nahestehende Personen, welche nicht als Hilfspersonen tätig geworden sind, sollte allerdings nicht von vorneherein ausgeschlossen werden, da sich die strafrechtliche Rechtfertigung allein nach dem Willen des Patienten richtet[72].

Nicht thematisiert wird vom BGH weiterhin, dass dieser Ansatz, sobald ein aktives Tun vorliegt, mit dem Tabu der Einwilligungsfähigkeit einer

---

[66] *Walter,* ZIS 2/2011, S.80.
[67] *Verrel,* NStZ 2010, S.672.
[68] *Walter,* ZIS 2/2011, S.80.
[69] *Walter,* ZIS 2/2011, S.81.
[70] *Verrel,* NStZ 2010, S.673.
[71] BGH NJW, S.2963.
[72] *Verrel,* NStZ 2010, S.674.

Tötung auf Verlangen bricht[73]. § 216 beruht nämlich auf der Überlegung, dass das Rechtsgut Leben unverfügbar ist, weshalb eine rechtfertigende Einwilligung nicht möglich ist[74].

Dass es auf den mutmaßlichen Patientenwillen, schnell und schmerzfrei getötet zu werden, nicht ankommen kann, wo schon sein ausdrücklicher Wille gemäß § 216 nicht ausreicht, drängt sich überdies auf[75]. Es scheint höchst ungewöhnlich, dass es eine Tötung geben soll, die nach dem Gesetz ausdrücklich tatbestandsmäßig ist, obwohl das Opfer sie ernstlich verlangt, die aber gerechtfertigt wird, weil das Opfer mutmaßlich zustimmt[76]. Fraglich ist, ob in der Sterbehilfe durch Behandlungsabbruch überhaupt eine Verwirklichung der Tötungstatbestände zu erkennen ist, die der Rechtfertigung bedarf, oder ob die Einwilligung als Grundrechtsbetätigung nicht tatbestandsausschließend wirken könnte[77].

Die Lösung des BGH entspricht aber der herrschenden Meinung, dass ein Einverständnis bei Delikten, die begrifflich kein Handeln gegen oder ohne den Willen des Rechtsgutsinhabers voraussetzen, keine tatbestandsausschließende, sondern nur rechtfertigende Wirkung hat[78]. Die Argumentation des BGH liegt dabei zum einen in einer auf das BGB bezogenen gesetzesübergreifenden systematischen Auslegung und zum anderen in einer verfassungskonformen Auslegung beziehungsweise Normreduktion, die für den Behandlungsabbruch eine Einwilligung ermöglicht[79].

Abgesehen davon, muss die Besorgnis ernst genommen werden, dass die Feststellung des Willens eines seit Jahren im Koma liegenden Patienten zweifelhaft ist und fragwürdige Behauptungen über einen früher angeblich geäußerten Willen mit sich bringen kann[80]. Dazu muss aber auch gesagt werden, dass es schon immer Missbrauchsmöglichkeiten und Einzelfälle des Missbrauchs gab und dass eine bloße Verweisung auf die Zufälle des gegebenenfalls grausamen Schicksals weder eine moralisch

---

[73] *Rengier,* Strafrecht BT II, §7, Rn.7a.
[74] *Haft,* Strafrecht BT II, S.123.
[75] *Fischer,* Vor §211, Rn.65.
[76] *Walter,* ZIS 2/2011, S.78.
[77] *Gaede,* NJW 2010, S.2927.
[78] *Verrel,* NStZ 2010, S.674.
[79] *Gaede,* NJW 2010, S.2927.
[80] *Fischer,* Vor §211, Rn.65;

noch praktisch überzeugende Alternative sein kann[81]. Indes sollte nicht unterschätzt werden, wie hoch die Rechtfertigungshürde der Feststellung eines entsprechenden mutmaßlichen Patientenwillens ist[82].

In diesem Zusammenhang bleibt zu erwähnen, dass es sich entgegen der Annahme des BGH im Tatzeitpunkt nur um den mutmaßlichen und nicht um den ausdrücklichen Willen der Patientin gehandelt hat, da die Feststellung desselbigen nur auf einem lange zurück liegenden Gespräches zwischen Mutter und Tochter beruhte[83].

Fraglich ist weiterhin, ob wie vom BGH angenommen, wirklich keine Nothilfesituation bestand[84]. Dies wurde mit dem Argument abgelehnt, dass die Nothilfe zu sehr auf das Rechtsverhältnis zum Angreifer zugeschnitten sei[85]. Die Nothilfehandlung darf sich nur gegen den Angreifer und nicht gegen Rechtsgüter Dritter richten[86]. Das Landgericht hatte die vom Heimbetreiber beabsichtigte Wiederaufnahme der Nahrungszufuhr zutreffend als eine dem Willen des Patienten widersprechende vorsätzliche Körperverletzung angesehen[87]. Hätte also die Tochter den Schlauch nicht durchgeschnitten, sondern schon vorher gehandelt und die Person abgewehrt, die die Ernährung wieder aufzunehmen im Begriff war, beispielsweise mit einer Körperverletzung abgewehrt, so müsste die Nothilfe objektiv bejaht werden[88]. Dass die Beurteilung der Nothilfe davon abhängt, wer Eigentümer des durchgeschnittenen Schlauches ist, scheint zweifelhaft[89]. Weiterhin ist zu argumentieren, dass wenn die Patientin nicht schwer erkrankt, sondern ein ganz normaler gesunder Mensch wäre, dem ein anderer versucht, gegen den Willen Nahrung einzuverleiben, derjenige durch Nothilfe gerechtfertigt wäre, der dieses Tun unterbände[90].

Die eher moralische als rechtliche Begründung des BGH ist im Ergebnis gleichwohl richtig, da sie ein von der Rechtsgemeinschaft als evident

---

[81] *Fischer,* Vor §211, Rn.66.
[82] *Verrel,* NStZ 2010, S.675.
[83] *Verrel,* NStZ 2010, S.673.
[84] *Mandla,* NStZ 2010, S.699.
[85] *Gaede,* NJW 2010, S.2927.
[86] *Wessels/Beulke,* Strafrecht AT, Rn.334.
[87] *Verrel,* NStZ 2010, S.671.
[88] *Mandla,* NStZ 2010, S.699.
[89] *Verrel,* NStZ 2010, S.671.
[90] *Mandla,* NStZ 2010, S.699.

gerecht empfundenes Anliegen mitmenschlicher Solidarität formuliert[91]. Die juristische Essenz der BGH- Entscheidung, nämlich dass der erkennbare Wille des Patienten und nicht die Vorstellung einer Heimleitung über das Ob und Wie einer Behandlung entscheidet, ist ausschlaggebend[92]. Das Urteil stärkt also den Respekt vor der Patientenautonomie am Lebensende erheblich, denn Heimleitung und andere Beteiligte dürfen sich gegen einen rechtsförmlich festgestellten Patientenwillen nicht mehr nach der Maxime „im Zweifel pro Leben" zum Herren über den Patienten aufschwingen[93].

Weiterhin ist mit der Entscheidung auf jeden Fall eine vielfach beklagte Unsicherheit, insbesondere auch von Ärzten und Pflegepersonal, sowie Krankenhäusern und Pflegeeinrichtungen aus dem Weg geräumt worden[94].

Im Ergebnis ist dem BGH also zuzustimmen, auch wenn die Begründung nicht in allen Punkten zu überzeugen vermag[95].

Alles in allem kann zusammenfassend festgestellt werden, dass das Urteil des BGH zwar dogmatische Schwächen aufweist, zur Schaffung von Rechtssicherheit aber unbedingt erforderlich gewesen ist.

V. Europäischer Gerichtshof für Menschenrechte zur Sterbehilfe

Im Zusammenhang mit der aktuellen Rechtsprechung zur Sterbehilfe soll zum Abschluss in Kürze auf ein Urteil des Europäischen Gerichtshofes zur Sterbehilfe eingegangen werden. Dieser entschied am 20.1.2011, dass keine positive staatliche Verpflichtung zur Sterbehilfe aus der Menschenrechtskonvention abzuleiten sei[96]. Dies war die Entscheidung über den Fall eines manisch- depressiven Mannes, der gegen sein Heimatland die Schweiz geklagt hatte, weil ihm dieses die Verschreibung einer tödlichen Medikamentendosis verwehrte.

---

[91] *Fischer,* Vor §211, Rn.65.
[92] *Verrel,* NStZ 2010, S.676.
[93] *Gaede,* NJW 2010,, S.2926.
[94] *Fischer,* Vor §211, Rn.63.
[95] *Mandla,* NStZ 2010, S.698.
[96] Urteil des EGMR vom 20.01.211, Beschwerdenr. 31322/07.

VI. Schlussbetrachtung

Mit dem Urteil vom 25.6.2010 ist es dem BGH gelungen einige der anfangs aufgeworfenen Fragen zu beantworten und Rechtssicherheit für alle Beteiligten zu schaffen.

Es ist allerdings auch festzuhalten, dass die Sterbehilfe ein pikantes Thema ist und bleibt. Auf Grund der wachsenden medizinischen Möglichkeiten, sowie der sozialen Entwicklung des Menschen und des immer offeneren Umgangs mit dem Tod wird die Sterbehilfe immer wieder für Diskussionsstoff sorgen.